ROI

ET

PRÉSIDENT

PAR

ALEXANDRE WEILL

———

PARIS

| CHEZ DENTU | A LA LIBRAIRIE |
| Palais - National | Passage du Grand-Cerf |

1852

ROI

ET

PRÉSIDENT

PARIS. — IMPRIMERIE DE J.-B. GROS

RUE DES NOYERS, 74.

ROI

ET

PRÉSIDENT

PAR

ALEXANDRE WEILL

———•••••ooooOGOoooo•••••———

PARIS

| CHEZ DENTU | A LA LIBRAIRIE |
| Palais-National | Passage du Grand-Cerf |

1852
1851

DÉCLARATION

J'ai été Républicain. Y a-t-il un de mes anciens amis qui ait à me reprocher un acte de mauvaise foi ou d'intérêt? Qu'il parle !

Avec l'âge, la raison, et grâce à la révolution, je suis devenu Légitimiste. Y a-t-il un Légitimiste qui puisse me re-

procher d'avoir jamais profité de ma posi-
tion dans un intérêt personnel ; si mince
soit-il ?

Qu'il sorte des rangs. Et, s'il le prouve,
je suis prêt à jeter ma plume aux orties.

Je suis donc indépendant, je le resterai toujours.

J'ai toujours gagné ma vie par mon
travail.

J'ai toujours regardé la presse comme
un sacerdoce. Quand je ne pourrai plus
gagner ma vie en dehors des partis et des
coteries, je demanderai à Dieu la grâce de
me rappeler à lui.

Je suis et je resterai Légitimiste.

C'est en cette qualité que je pousse ce
cri de conscience.

Je puis me tromper. Celui qui n'a jamais tort n'a jamais raison.

J'écouterai les objections des Légitimistes aussi indépendants, aussi désintéressés que moi, et, si je fais fausse route, je serai le premier à me condamner.

Mais je ne répondrai à aucune insinuation personnelle. Je ne méprise aucun ennemi, mais l'opinion qu'il a de moi.

Alexandre WEILL.

LES PARTIS

LES PARTIS

Depuis soixante ans, la France est le jouet des partis.

Aucun de ces partis n'a eu assez de force intrinsèque pour vivre de sa propre vie. Etant tous négatifs, la force des uns a toujours été dans la faiblesse des autres.

Un seul homme a eu de la force propre, mais manquant d'une base légitime de justice, sa force toute matérielle s'est brisée contre une plus grande force.

Seule, la justice résiste à la violence, car à peine a-t-elle fléchi la nuque qu'elle se relève dans toute sa majesté pour voir passer la force, pour la voir disparaître.

Pour être fort, il faut être juste. Pour être juste, il faut être sévère, sévère pour soi, juste pour les autres.

On *règne* par un principe, mais l'on *gouverne* avec la force, c'est-à-dire avec des hommes forts.

Gouverner, c'est savoir choisir les hommes.

Il ne suffit pas dans ce monde, d'avoir raison et de représenter un principe vrai, il faut encore savoir choisir les ouvriers pour fertiliser ce principe, pour défendre cette raison ; vrais laboureurs du droit, qui, après avoir tracé un sillon, sachent brandir le soc en guise de massue, pour terrasser l'agresseur.

Un roi, un homme d'état, un parti qui gouverne avec des amis, est perdu.

Chose curieuse ! Les partis, périssant par leurs propres amis, ne vivent d'ordinaire que de leurs ennemis.

Quand un parti est au pouvoir, celui en dehors du pouvoir paraît fort. Il arrive à son tour. Il chante victoire. Fatuité ! Il n'a prouvé aucune force. Seulement son ennemi étant tombé par la faiblesse de ses propres amis, il est entré dans une brèche ouverte, livrée par des traîtres.

La Bible appelle les amis de parti, des bâtons pourris. Malheur à celui qui s'y appuie !

C'est là la cause de toutes nos révolutions.

Nous ne sommes pas au bout de nos malheurs. Plus que jamais la France est peuplée de partis.

Ceux qui se disent les chefs de l'ordre, ne sont que des chefs de partis, qui ne peuvent jamais se réunir dans un seul but de salut.

Les hommes ne peuvent être unis que par un ciment divin, qui, reliant les âmes, en fait un rempart imprenable. Dans la langue vulgaire, ce ciment de cohésion s'appelle : *Principe, Foi, Religion.*

Les intérêts coalisent un instant les hommes, mais ne les unissent pas.

Pour s'unir sous un principe commun, il faut avant tout faire abnégation de sa personne et écraser l'orgueil de l'esprit. En un mot, pour vaincre les autres, il faut avant tout se vaincre soi-même.

Celui-là qui a donné le plus de preuves de cette force morale et qui, inspiré de la foi commune, sache l'insuffler à d'autres amis, en faisant de son individualité un centre ardent, rayonnant, irradiant, celui-là est le chef de l'union.

Là, au contraire, où toute foi manque, tout homme s'érige en chef. Ce n'est plus en prêchant d'exemple, en exaltant le devoir et l'abnégation qu'on mérite le titre de chef, mais en se faisant entrepreneur de jouissances, d'ambitions, de vices même ; en exagérant les droits de chacun, pour rapetisser ses devoirs ; en faisant compte à demi avec le premier aventurier venu

Aussi tout parti est-il plus ou moins une compagnie de flibustiers politiques, travaillant en commun pour se partager les fonctions publiques et choisissant pour chef le plus habile, le plus rusé, le plus promettant, souvent le plus vicieux. Ce qu'il y a de vices, de turpitudes, d'appétits, d'immoralités dans l'intérieur de nos partis, — d'ordre et de désordre, — impossible de les énumérer.

Heureusement, le mal arrivé à un certain degré se détruit soi-même. Tout parti n'a qu'à vaincre pour se disloquer. La force d'un parti comme celle de tout ce qui rampe est dans la queue, et cette queue marche toujours sur la tête. Tout parti meurt de suicide.

On prétend que, dans notre société, le talent seul règne. Erreur! Erreur!

L'homme de vraie science, sachant que la science ne sait rien, ne sert à rien; sachant qu'un catholique de 22 ans est un plus grand sage qu'un Platon de 80 ans, sans compter que matériellement il est plus sain et plus heureux, cet homme-là, foulant aux pieds l'orgueil du faux savoir et de la folle raison, reconnaît un principe divin et se soumet à une foi commune.

Mais une médiocrité n'est médiocre que parce qu'elle se croit supérieure à tous les principes, à Dieu lui-même. La médiocrité, de sa nature est railleuse et sceptique. Tout railleur, tout négateur, tout révolutionnaire est une médiocrité en goguette. Toute sa force est dans l'ivresse capiteuse de ses erreurs ; car les erreurs fermentent dans l'homme et en font un ivrogne d'orgueil. Souvent à force de boire l'orgueil, il devient crétin.

Ces médiocrités, ces ivrognes de présomption dont le talent consiste dans la fermentation de l'esprit, sont à la tête de nos différents partis.

Ils ont beau se réunir, ils ne peuvent que fusionner leurs passions et leur impuissance.

Certes, ils peuvent revenir à la verité et confesser leurs torts.

Plusieurs d'entre eux se sont replacés sur le chemin du bien. Ils peuvent être *sauvés*.

Mais *Sauveurs*... Jamais !!

Jamais, dans l'histoire, il n'a été donné à un homme qui a rompu le pain officiel avec l'erreur et l'injustice, de devenir le sauveur de la société. Il peut suivre d'autres hommes de bien, mais il n'a plus assez de prestige, ni assez de force pour se faire suivre par d'autres.

Quand un général a manqué à ses devoirs, on l'enrôle comme simple soldat. Il lui faut de hauts faits d'expiation pour que de nouveau il puisse se mettre à la tête du bataillon.

Que ceux qui se croient arrivés au port se munissent de vivres, de forces, de patience, de douleurs et de larmes !

Rien n'est fait. Tout est à faire !

Rien n'est fait ! Car justice n'est pas faite.

Dieu ne fait grâce qu'après avoir fait justice !

LE ROI.

LE ROI

La société chrétienne repose uniquement sur le devoir. Nul, dans cette société, n'a de droits, exceptés ceux résultant des devoirs accomplis, soit par lui, soit par son prochain. C'est par cette raison que la société chrétienne seule est libre, car la liberté repose exclusivement sur le devoir. L'homme doit avoir la liberté de faire le bien. Il n'y a point d'autre liberté possible.

C'est le christianisme qui a créé le Roi comme principe de justice. Le gouvernement chrétien n'est pas une affaire, une gérance sociale — c'est là la république païenne — mais une institution de justice, dans le but d'empêcher la liberté de mal faire et de protéger la liberté de bien faire. Il n'y a point d'autre gouvernement légitime.

Le Roi représente donc le suprême devoir. Il ne commande aux autres que parce qu'il assure l'obéissance aux lois divines et morales. Quand tout le monde enfreint la loi — et toute loi civile n'est qu'un reflet de la loi divine — le roi doit la respecter et la faire respecter. Quand la bonne foi et la vertu ont disparu, il faut qu'elles se retrouvent chez le représentant de la justice divine. Enfin quand tout le monde est lâche et craint la mort, il faut que le Roi, ce porte-croix de la nation, soit courageux et meure pour l'ordre et la foi !

Tout ce qu'ici-bas s'est fait de grand, de noble, de vraiment national, est basé sur le devoir et le dévouement, c'est-à-dire, le martyre et le sang humain.

C'est une justice à rendre aux rois de France, ces aînés du christianisme. Presque tous, ils ont été à la hauteur du devoir.

Et par une grâce particulière de Dieu, ceux qui ont manqué à leurs devoirs, ont été bien vite punis, afin que leurs descendants, profitant de l'exemple, aient pu réparer les torts.

Louis XVI martyr, a expié les vices de

Louis' XIV et Louis XV. Loin de faire du tort à la royauté, il y a ajouté un rayon de gloire céleste.

Mais Charles X, quittant la France le lendemain d'une révolution et ne mourant pas à son poste, a manqué à tous ses devoirs de Roi.

Un Roi qui cède à l'émeute, qui ne préfère pas la laver dans son sang, est un roi déchu.

On n'évite pas le sang humain en cédant au principe du mal. Toute révolution, quand elle n'est pas combattue à outrance, est destinée à se noyer dans des flots de sang. Pour un homme qu'on sauve, cent mille autres vont périr.

Si Louis XVI avait fait ses devoirs au commencement de son règne, en faisant fusiller le duc d'Orléans avec une dizaine de ses accolytes, Robespierre et Danton n'auraient pas compromis la fortune et la vie de milliers d'hommes, et seraient morts, en bons royalistes, dans un âge avancé.

Croit-on que Charles V, Charles VII, Henri IV aient fait la guerre durant des années pour une misérable couronne humaine, pour le plaisir d'être roi ? Et s'ils avaient cédé, auraient-ils sauvé quelque chose ? Nullement ! En manquant à leurs devoirs, ils auraient plongé la France dans un abîme. Cependant durant des années ils ont bravé la mort. C'est qu'un Roi doit plutôt risquer sa vie que celle du dernier de ses sujets. Celui-ci meurt, mais un roi ne meurt pas, car il représente un principe incarné.

Un Roi qui se croit nécessaire autrement que par le devoir qu'il représente, n'est pas

Roi. C'est un chef de parti qui ne croit pas à la royauté.

Jeanne d'Arc aurait-elle pu sauver la France sans la présence de Charles VII ?

Jamais !

Il y a eu cinquante Jeanne d'Arc dans la Vendée en 1793.

Jamais guerre n'a produit tant de héros, tant de martyrs.

Leurs efforts ont été impuissants, car les hommes ne peuvent rien pour un principe, si ce principe n'agit pas. Duguesclin n'aurait rien fait sans Charles V.

Les hommes, ai-je dit, ne s'unissent que par les crampons de l'âme, c'est à-dire par

un principe. Si ce principe a un représentant, il faut qu'il soit présent et agissant pour
maintenir l'unité. Qu'une armée de croisés
aille faire la guerre aux infidèles. Suffit-il
que le général en chef porte la croix? Non !
Il faut un prêtre représentant la foi, le principe. Une armée de royalistes, combattant,
soit avec la plume, soit avec l'épée, ne
peut rien sans le Roi. Au bout de huit jours,
chaque caporal s'érige en chef et fait bande
à part.

Où est le légitimiste, le Français qui dés-
obéirait à son Roi, celui-ci s'exposant le premier? Où est celui qui, en son absence, obéirait à M. de Pastoret?

On meurt pour un Roi qui s'expose à
mourir. On se contente de présenter ses sté-
riles hommages à un Roi résidant dans un
palais d'exil. On n'emporte pas plus une couronne que la patrie à ses semelles. Tout

principe qui n'agit pas se meurt ou est mort.

Il est du devoir de tout Français d'être légitimiste. Mais à une condition : Que le Roi le soit !

LES

RESTAURATEURS

LES RESTAURATEURS

Depuis que nous n'avons plus de Roi, la France est remplie de restaurateurs de royauté, qui tous veulent faire un civet de lièvre sans lièvre, d'aucuns mêmes préfèrent un renard.

Tout royaliste en France possède un secret

particulier pour rétablir la monarchie, et, chose curieuse, presque tous ne demandent pour réussir qu'une chose : qu'il n'y ait plus de Roi, ou pour le moins qu'il fasse, comme s'il n'existait pas.

Les uns croient pouvoir le rétablir avec des journaux, d'autres avec des discours, d'autres encore avec des conspirations, enfin bon nombre de royalistes, dans le but de se débarrasser de leurs principes, ont abdiqué dans la main de la Providence.

Autant de rêveurs, d'utopistes, d'impuissants !

Passons en revue les chances de tous ces sauveurs.

La plus grande partie des royalistes croient que la fusion faite, la monarchie n'a qu'à venir.

Admettons un instant que M. Thiers soit légitimiste et que le général Changarnier soit élu président.

Tout d'abord il est à craindre, qu'une fois investi de la présidence, le général, au lieu de se parjurer, ne préfère rester fidèle à son serment et à ses fonctions. Ce serait tout bonnement une nouvelle consécration de la république.

En second lieu, il est à présumer que l'assemblée loin d'être monarchique, sera républicaine, toujours dans le but de conserver sa part de pouvoir, forcément restreinte, sous une monarchie.

Oublie-t-on, que la veille du rétablissement de Charles II, Monck a fait fusiller plusieurs royalistes pour prouver son attachement à la république. Il n'a pas consulté le parlement. Il lui a dit : Voici votre Roi, et le

Roi était là. Il est vrai qu'il n'avait pas de cousins d'Orléans.

Il faudrait donc avoir recours à un coup d'Etat. Or, on ne viole jamais rien, pas même une Constitution, pour un autre.

Certes, il serait du devoir du peuple et de l'assemblée de revenir à la monarchie légitime. Bien plus ! faute par eux de faire ce devoir, la France est exposée à devenir à la fois la proie des communistes et de l'étranger.

Mais où donc dans l'histoire se trouve-t-il un exemple d'une assemblée souveraine qui, faisant abnégation de son pouvoir, ait abdiqué dans la main de son Roi légitime ? Si tant est qu'une assemblée fasse un Roi, elle choisirait certainement un prince *illégitime*, qui, tenant tout d'elle, resterait pour ainsi dire sous sa dépendance.

Comment ! Du temps, où il y avait

encore de la foi et du respect pour le principe national, les hommes n'ont fait leur devoir que *forcés*, et l'on se berce d'illusion que, dans une époque sans Foi, ni Loi, ni Roi, les hommes deviendront subitement des saints ! Ceux qui espèrent le retour de la légitimité par une assemblée souveraine, sont de vieux enfants, qui n'ont pas la moindre connaissance du caractère humain.

Je crois pour ma part, que le peuple français est profondément monarchique. Je suis convaincu qu'il aime mieux au fond la branche aînée que la branche cadette. Celle-ci n'est à ses yeux qu'une maîtresse gouvernementale avec laquelle on se ruine, mais à laquelle on refuse le domicile conjugal.

S'ensuit-il de là que le peuple irait un beau matin se mettre aux pieds de Mgr le comte de Chambord le prier, les mains jointes, de le gouverner ?

On oublie qu'une nation a sa pudeur comme une femme.

Elle a beau aimer éperdûment un jeune homme, elle n'irait pas, dût-elle en mourir de désespoir, lui offrir ses faveurs. Elle attendra bien quelque temps, en refusant d'autres partis, qu'il vienne la prendre, mais d'attente lasse, elle finira par se jeter à la tête du premier venu.

Il faut attendre, disent les plus décidés, que la guerre sociale éclate. D'abord il me semble que la révolution de février et les journées de juin étaient quelque peu cousines germaines de la guerre sociale. En ce temps le Président n'etait pas encore élu. On n'avait qu'à se faire précéder d'une croix blanche, en guise de drapeau, et adresser aux Français ces simples paroles :

« JE VIENS, OU POUR VOUS FAIRE VIVRE AVEC MOI, OU POUR MOURIR AVEC VOUS.

Mais supposons que, pour nos péchés, Dieu ne l'ait pas voulu. Croit-on que dans une guerre sociale nous manquerions de sauveurs!

Le général Cavaignac est tout prêt à nous sauver une seconde fois. Le général Changarnier sera le premier sur la brèche. Les princes d'Orléans, qui sont à une journée de distance, pourraient bien vouloir nous sauver pour eux. Nous serions perdus à force de sauveurs !

D'ailleurs, soit. M'est avis que ce que tout le monde prédit, arrive rarement; Dieu qui inspire directement l'homme de génie, ne se fait pas compère des hommes et des journaux terre à terre. Vous ou moi, si nous commencions une guerre sociale, nous serions des misérables. Mais un roi, plus heureux que son peuple, venant se sacrifier pour le sauver, victorieux ou non, est et sera toujours un héros; vivant ou mort, est et sera toujours le sauveur de la monarchie et de la société.

Il ne faut pas connaître la condition humaine pour croire que le moindre bien puisse se faire sans efforts, sans douleurs, et sans sacrifices humains. Il faut pousser la vanité jusqu'à l'idolâtrie pour croire qu'on fasse le bien avec un discours ou un manifeste. Cinquante discussions parlementaires, cent discours de Berryer ne feront pas avancer la légitimité d'un pas. Un seul acte héroïque fait plus de bien à une cause que cinquante mille circulaires, fussent-elles de la *Gazette*.

Ce ne sont pas les écrits de Louis Bonaparte qui l'ont fait élire, mais ses actes. Henri V écrit certainement des lettres charmantes à son cher Berryer, Henri IV les aurait portées lui-même à l'Assemblée. Il est vrai qu'il aurait d'abord passé par le chemin de la victoire.

LE PRÉSIDENT

LE PRÉSIDENT

Mais, me dira-t-on, vous voulez la guerre civile.

Voici ma réponse.

J'ai dit ce que je pense des fonctions royales et des moyens de rétablir la monarchie. Si j'étais roi, je ferais mon devoir. Je ne reculerais ni devant les hommes, ni devant le diable.

Mais loin d'être le roi, je ne suis qu'un simple citoyen. Comme tel, je dois respect et soumission aux lois existantes, si défectueuses qu'elles soient.

Depuis que le président est élu, je n'ai jamais écrit une ligne contre lui. Je méprise ceux qui l'attaquent dans un intérêt de parti.

Si je pouvais le remplacer par un principe stable et national, — c'est-à-dire par la légitimité, — je le ferais. Mais je regarde comme le dernier des criminels celui qui lui suscite des embarras dans un but personnel.

Le président a dit dans un de ses procès : « Si Henri V eût été sur le trône, je n'aurais fait aucune tentative pour m'emparer du pouvoir. Mais je crois avoir autant de droits que Louis-Philippe. » Il a dit vrai.

Je ne vois pas où tendent les partis coalisés. En tout, j'aime la franchise et la bonne foi.

Je comprends les républicains qui désirent maintenir la Constitution et qui la combattent sous ce bouclier. Cette constitution les amènera tôt ou tard au pouvoir. Heureux s'ils peuvent s'y maintenir. J'en doute. Etant un parti, ils deviendront les premières victimes de la queue socialiste de leur propre parti.

Mais où tendent les orléanistes et les légitimistes? Sont-ils devenus républicains? Qu'ils s'associent donc franchement à la gauche. Veulent-ils la légitimité? Qu'ils osent donc le proclamer en face du peuple. Qu'ils osent dire : « Nous faisons la guerre à Louis Bonaparte, parce que nous voulons rendre à la France sa splendeur et sa grandeur par le rétablissement de la monarchie légitime. Dans ce but, nous ne reculerons devant rien, pas même devant la mort. »

En ce cas, il n'y a qu'une seule chose à faire. Faire venir le Roi et combattre à ses côtés. En d'autres termes, au lieu de lui demander de l'argent, lui sacrifier vie et fortune.

Ce serait franc, noble, hardi, ce serait français et ce serait bien.

Mais renverser l'autorité existante, la pousser vers le socialisme, sous prétexte de sauver la constitution; c'est s'ensevelir de gaieté de cœur sous les décombres de la société.

En dehors de la royauté qui ne peut être rétablie sans le Roi, il y a trois issues :

Le socialisme, l'orléanisme, le bonapartisme.

Entre ces trois phases, j'allais dire entre ces trois provisoires, il faut choisir le moins mauvais. Au lieu donc de diviser le pouvoir et de pousser, par des intrigues, le président vers des coups de tête, il faudrait franchement le soutenir. Cela seul suffirait pour écarter les parasites et les écervelés.

Je n'ai jamais parlé au président. Je ne le connais pas. Dieu aidant, je n'aurai jamais besoin d'aucun gouvernement. Mais si grands que soient ses défauts, il n'est pas plus imparfait qu'un prince d'Orléans, qu'un chef socialiste, qu'un président neutre, qui tôt ou tard nous suscitera les mêmes embarras. Du moins son nom rappelle la force et la gloire. Mais que rappelle le nom d'un prince orléaniste à la tête de la république ?

Une trahison de famille.

A moins toutefois que nos burgraves ne soient devenus de sincères républicains !

En ce cas, il n'y a rien à dire, il n'y a qu'à rire.

Après tout, il n'y a point de gouvernement parfait.

Le moins mauvais est le meilleur.

En dehors d'un principe, le gouvernement qu'on a, est toujours le meilleur.

« Je ne connais pas la vie d'un coquin, a dit de Maistre, mais celle d'un honnête homme. Elle est affreuse. »

Mais un principe ne se défend, ni ne se restaure avec la ruse et des intrigues. Il lui faut le dévoûment et le sacrifice du devoir.

Que ceux d'ailleurs qui pourraient me reprocher de provoquer une conflagration, rentrent en eux-mêmes. Bonapartistes, Légitimistes, Orléanistes, Socialistes, regardez-vous, écoutez-vous, tous vous travaillez à démolir ce qui nous reste de la société chrétienne et civilisée.

Dieu probablement le veut ainsi.

Car, il y a plus de criminels qui courent après le châtiment, que de châtiments qui courent après les criminels.

OUVRAGES DU MÊME AUTEUR

                 fr. c.

GÉNIE DE LA MONARCHIE, 3ᵉ édition . . . . 2 »
  Il ne reste que vingt-cinq exemplaires.

HÉRÉDITÉ DU POUVOIR, 9ᵉ édition . . . . 1 »

RÉPUBLIQUE ET MONARCHIE, 9ᵉ édition . . . . . 1 »
  Il ne reste que trente exemplaires de ces deux ouvrages.

DEBOUT LA PROVINCE, 9 édition . . . . » 50

Paris. — Imp. J.-B. Gros, rue du Foin-Saint-Jacques, 18.